Das sagen Glücksexperten zum Buch

Ein erfrischendes Lesevergnügen, das Glücksmomente bereitet, mit Geschichten, die das Leben schrieb. Das Fazit: Wenn es dir gutgeht, profitieren auch andere davon!

—Markus Hofelich
Wirtschaftsjournalist und
Chefredakteur von SinndesLebens24.de

Ilona ist mit diesem Buch wieder einmal ein wahres Geschenk gelungen. Es ist eine so wunderbare Erinnerung daran, dass wir unser Leben und unser Glück immer selber in der Hand haben.

—Christin Prizelius
Wirtschaftspsychologin, Autorin,
Soziale Unternehmerin pureandpositive.com

Das sagen Glücksexperten zum Buch

Das kleine Glück im Alltag ganz groß machen –
wie das geht, zeigen diese kurzweiligen Geschichten auf.
Als Inspiration, zum Nachdenken und Mitmachen.

—Gina Schöler
Glücksministerin

Ilona schreibt erfrischend ehrlich und alltagsnah.
Mal mit einem Augenzwinkern und mal mit Tiefgang,
aber nie mit erhobenem Zeigefinger.
Sie zeigt uns, dass wir unser Glück in jeder Situation selbst
finden können und das Leben deutlich leichter wird,
wenn wir ab und zu die Perspektive wechseln.

—Katharina Tempel
Doktorin der Psychologie, Bestsellerautorin,
www.gluecksdetektiv.de

Inhalt

Vorab

Schon immer haben sich Menschen Geschichten erzählt, sie bewahrt und vorgelesen. Erinnerst du dich auch noch so gut wie ich, wie schön es für uns als Kinder war, abends etwas erzählt oder vorgelesen zu bekommen? Wie aufregend es war, als wir die ersten Wörter selbst lesen konnten und wie stolz wir waren, richtig lesen zu können? Später kamen dann die Genussmomente am Sonntagmorgen hinzu. Sich Zeit zu nehmen für die Sonntagszeitung oder mit einem guten Buch auf dem Sofa zu liegen, um den Alltag hinter sich zu lassen. Ich mag es immer noch ganz besonders, wenn mir jemand etwas vorliest. Das ist für mich ein Augenblick des Verwöhntwerdens.

Genau an diese guten Gefühle möchte ich mit dir anknüpfen und dir Geschichten erzählen, die das Leben schreibt. Die du, deine Schwester oder Kollegin erlebt haben könnten und die ich erlebt habe. Du wirst ganz häufig denken: „Das geht mir genauso." oder „Das ist mir auch schon passiert." Auch in meinen Vorträgen berichte ich von meinen Erlebnissen. Oft kommen danach Gäste zu mir und fragen, ob ich sie kennen würde. Ich hätte genau sie und ihr Leben beschrieben.

Meine Erlebnisse erscheinen auch als Kolumnen in Tageszeitungen oder Onlinemedien und mir schreiben Leser, dass sie diese sammeln, weil sie so lebensnah sind. Sie werden zum Beispiel in der Büroküche an die Wand gepinnt, damit sie für viele sichtbar sind.

So ist übrigens die Idee zu diesem Buch entstanden. Warum soll es nicht Geschichten, die unser Leben schreibt, als kleine Sammlung geben?

Die Themen, die uns heute beschäftigen, die Träume, die wir haben und die Hindernisse, die wir im Alltag überwinden müssen, sind recht ähnlich. Denn wir alle sind Menschen, die einfach ein gutes, sinnvolles Leben in einer bewegten Zeit führen wollen. Wir sind Menschen, die sich viel abverlangen und sich selbst zu oft vergessen. Die Leser meines Newsletters sagen mir oft, dass diese kleinen Erinnerungen an sich selbst genau im richtigen Moment kamen. Genau dann, wenn sie verzagt waren oder nicht gut genug für sich gesorgt hatten.

Das bringt uns zum Kern meiner Geschichten. Ich habe es mir zur Aufgabe gemacht, Menschen an sich selbst zu erinnern, eine Welt positiver Gedanken für uns zu schaffen, in der wir uns selbst besser um uns kümmern. Eine Welt, in der wir gut zu uns sind, uns mindestens so gut behandeln, wie wir das mit anderen ganz selbstverständlich tun. Oder würdest du dich etwa nicht zu den zuverlässigen, hilfsbereiten, fürsorglichen, liebevollen Menschen zählen, die gern für andere da sind, gern Freude bereiten, gern Geschenke machen, auf hohem Niveau alle Aufgaben erfüllen? Die erst, nachdem die Fenster geputzt sind, einen Kaffee trinken und nicht umgekehrt?

Das ist eine wertvolle Art zu leben. Und ich möchte dich und mich zugleich daran erinnern, dass wir nur so gut mit anderen umgehen können, wie wir mit uns umgehen. Dass wir jede noch so schwierige Situation gut meistern, wenn wir uns selbst gut behandeln.

Dann sind wir unabhängig davon, wie viel, wie oft oder auf welche Art andere für uns da sind, uns das geben, was wir uns wünschen. Sie tun sicher manches für uns und doch: Bleibt da nicht manches Mal der Gedanke „warum bin ich schon wieder zuständig" oder „wann bin ich mal dran".

Nein, es reicht nicht, im Urlaub oder am Wochenende ein bisschen Zeit abzuknapsen, um an sich zu denken.

Dafür leisten wir viel zu viel. Du kannst ja kurz einmal über-schlagen, wie viele Stunden am Tag du etwas leistest. Vom Frühstück für die Kids über deine Arbeit, die Kunden, Kollegen, Partner, die von deiner Arbeit profitieren. Zusätzlich bist du vielleicht in einem Verein, kümmerst dich um Haushalt, Freunde, Tiere ... Und nimmst dir ganz oft vor, dass du unbedingt mal wieder Yoga machen wirst, wenn du endlich Zeit für dich hast. Selbst wenn du täglich 30 Minuten Yoga üben würdest, dazu noch 30 Minuten meditierst, bleiben noch ca. 15 Stunden, in denen du Leistung erbringst.

Mach ruhig deine persönliche Rechnung auf. Ja, du darfst ein bisschen erschrecken, wenn dir klar wird, wie unzureichend du dich um dich selbst kümmerst. Und unter uns gesagt sind wir doch deshalb auch manches Mal so enttäuscht, dass weniger von anderen kommt, was wir uns wünschen.

Besser wäre, und dazu möchte ich dich jetzt einladen, du nimmst dein Wohlergehen sofort selbst in die Hand. Du hast viele Möglichkeiten dafür. Ich möchte dir eine orts- und zeitunabhängige vorschlagen. Kümmere dich darum, was und wie du denkst. Das ist eine Universallösung.

Denn je freundlicher, glücklicher, positiver du denkst, umso mehr Situationen wirst du in deinem Alltag wahrnehmen, die genauso sind. Unser Gehirn sucht immer nach dem, was zu unseren Gedanken und Vorstellungen passt. Wenn wir gute Gedanken haben, fühlen wir uns außerdem viel besser und passen unser Verhalten den guten Absichten an. Es entsteht ein Kreislauf der Positivität. In diesem geht es mit Befinden und Zufriedenheit aufwärts. Das tut nicht nur uns gut, sondern damit stecken wir die Menschen um uns an.

Meine kleinen Geschichten werden dir in mehrfacher Hinsicht nützlich sein. Zunächst sind es kleine Inseln, auf denen du dich in wenigen Minuten vom Alltag ausruhen kannst. Alle sind unter 10 Minuten zu lesen oder zu hören. Diese Zeit hast du. Für dich. Ich habe von vielen Lesern gehört, dass sie dicke Bücher, egal wie spannend das Thema ist, nur noch im Urlaub lesen. Auch am Wochenende ist das selten eine Option, weil wir schwer zur Ruhe finden, wir immer irgendwie beschäftigt sind.

Abends im Bett fallen vielen nach 3 bis 4 Seiten die Augen zu. Wenn dir das auch so geht, passen die Geschichten prima. Sie sind kurz.

Die kleine Auszeit kannst du tagsüber genausogut einplanen. Hier empfehle ich dir, dich ganz auf das Lesen oder Hören zu konzentrieren. Wenn das Smartphone nebenbei piept oder der Fernseher läuft, bist du nie ganz bei der Sache.

Dann kannst du, das ist der zweite Nutzen, die gute Energie, die ich dir zwischen den Zeilen und durch die Inhalte der Geschichten schenken möchte, besser und vollständig aufnehmen. Ich kann dir hier schon eines verraten und versprechen: Es gibt immer ein gutes Ende. Ganz einfach deshalb, weil es das Leben grundsätzlich gut mit uns meint.

Vor allem aber, weil ich dir zeige, wie man positive Gedanken, Optimismus oder seine Stärken in ganz alltäglichen Situationen einsetzen kann, um sie zum Guten zu wenden. Du wirst mir oft ein Lächeln schenken, weil die meisten Situationen auch mit einem Augenzwinkern betrachtet werden können. Weil es uns gut tun würde, auch unsere Schwierigkeiten großzügiger und herzlicher zu betrachten.
Du erfährst, was selbst ich, eine Expertin für positive Psychologie, erlebe. Du wirst sehen, dass es ganz normal ist, sich zu irren, zu fürchten, zu hadern oder ähnliches. Dass es immer einen gangbaren Weg gibt. Das klappt vor allem dann, wenn wir in einem guten Zustand sind, der durch unsere Selbstfürsorge entsteht.

Der dritte Nutzen könnte sein, dass du dich an schon Gelerntes erinnerst oder etwas dazu lernst. Ich bin mir sicher, du hast viele meiner Überlegungen selbst schon einmal angestellt oder in einem Buch oder Seminar erfahren. Es ist so ein Glück, dass wir heute immer mehr über den Menschen, unseren Geist und unser Gefühle erforschen. Wir scheitern deshalb auch nie an fehlendem theoretischen Wissen. Wir scheitern eher daran, dass wir das „uns-selbst-Gutes-tun", das gute Denken, auf später verschieben, weil wir uns von Alltagsroutinen auffressen lassen.

Das, was ich erlebt habe und was ich daraus mache, kann ein Beispiel für dich sein, wie auch du dich verhalten könntest. Wenn ein Mensch etwas hinbekommt, dann ist es grundsätzlich möglich. Wenn ein Mensch, der ähnlich lebt wie man selbst, etwas hinkommt, dann ist es erst recht möglich.

Du kannst dich auch einfach nur gut unterhalten lassen - von einer Frau, der du am Herzen liegst. Dabei möchte ich mein Motto an dich weitergeben: ICH GUT. ALLES GUT.

Du weißt, dass es so ist. Wenn es dir gut geht, profitieren alle davon, du findest bessere Lösungen und fühlst dich besser. Du bist viel lieber mit dir selbst zusammen, bist eher zufrieden und hast mehr von deinem Leben.

Das wünsche ich uns gemeinsam sehr.

Alles Gute,

Deine Ilona Bürgel

PS. Aus Gründen der Lesbarkeit verwende ich keine doppelten geschlechtsspezifischen Benennungen.

Dank

Meisten steht am Anfang oder Ende eines Buches ein Dank. An die Familie, Freunde, Kollegen, Berater. Es gibt immer ganz viele Menschen, die am Gelingen eines Werkes beteiligt sind. Das ist auch bei meiner Arbeit so und dafür bin ich von Herzen dankbar.

Trotzdem kommt hier dem Anliegen des Buches angemessen ein

Dank an mich.

Was du hier liest, ist gelebtes Leben. Alles, was ich gelernt und erkannt habe, musste ich allein lernen und erkennen, egal wieviel Hilfe ich hatte. Die Positive Psychologie ist ein wertvoller roter Faden in meinem Leben und Denken. Und sie will von mir umgesetzt werden.

Jede Erfahrung hat etwas gekostet. Wir lernen leider am besten aus unangenehmen Situationen, wenn wir denn lernen wollen. Ich habe das getan. Es war mal leichter, mal schwerer. Ich habe immer wieder angefangen. Ich habe es immer besser hinbekommen und doch oft genug noch nicht so, wie erhofft. Ich habe mich entwickelt und immer besser verstanden. Ich habe mich überfordert und daraus gelernt. Ich bin älter, weiser und nachsichtiger geworden. Genau wie du auch.

Das alles habe ich gewagt und geschafft, damit ich dir heute schreiben kann.

Dafür danke ich mir.

Dafür danke ich dir, dass du an meiner Seite bist.

1

Das italienische Kompliment

Wann wurde dir das letzte Mal ein Kompliment gemacht? Bei mir war es vorgestern. Ich war italienisch essen und wurde zu meiner großen Freude vom Chef des Hauses mit „Ciao, wunderschöne Signora" angesprochen. Ich fühlte mich gleich noch besser als vorher und trug ein breites Lächeln mit zum Tisch. Dies hielt so lange an, bis ich hörte, wie eine weitere Frau ebenso angesprochen wurde. Ich war direkt ein bisschen enttäuscht und begann, über Komplimente nachzudenken. Was ist schöner, sie zu bekommen oder sie zu machen? Wann glauben wir sie und wann nicht? Und vor allem: Warum haben sie mehr Bedeutung von einer anderen Person als von uns selbst? Der Reihe nach:

Grundsätzlich liegt es mir am Herzen zu unterstreichen, dass wir nie genug Gutes zu uns und anderen sagen können. Kaum jemand hat genug positives Feedback im Leben erhalten. Nicht als Kinder. Denn da wurden wir erzogen und dies heißt meist, auf Fehler und Verbesserungswürdiges aufmerksam zu machen. Die schönste Zeit für Komplimente ist das Flirten. Da läuft das Herz über und es fällt uns leicht, zu geben und zu nehmen. Doch irgendwann wird das weniger und der Komplimente ärmere Alltag folgt. Im Unternehmen werden „Kritikgespräche" und Jahresgespräche geführt. Wenn zu Hause der Partner, eher die Partnerin, sagt „Schatz, wir müssen reden" ist das kein gutes Zeichen.

Bekommen wir ein Kompliment, wiegeln wir gern ab, oder verharmlosen unsere Leistung.

Wir haben gelernt, nur nicht zu gut über uns zu denken. „Hochmut kommt vor dem Fall" ist so ein Leitsatz. Als Erwachsene besuchen wir dann andererseits Seminare oder Coachings, weil wir viel zu kritisch und unfreundlich über uns denken und uns selbst damit schaden. Wir bewundern Menschen z.B. aus dem Süden dafür, dass sie so herzlich und so überschwenglich sind. Natürlich wissen wir, dass ein guter

Wirt zu jedem Gast etwas Freundliches sagt. Dies wusste auch ich und doch fühlt es sich gut an.

Stellen wir uns vor, den gleichen Satz hätte eine Freundin gesagt. Dann wäre er immer noch angenehm gewesen. Doch dann wäre ich um Ausgleich bemüht gewesen. „Du auch" oder ähnliches sagen in der Regel Frauen untereinander, weil wir es gewohnt sind, stets für eine gute Atmosphäre zu sorgen und dass sich niemand schlecht fühlt.

Diesen Satz „Ciao, wunderschöne Signora" könnte ich durchaus zu jemand anderem gesagt haben, vorzugsweise einer Frau. Denn eine so überschwengliche Formulierung würde einen Mann wahrscheinlich irritieren. Ich mache gerne große Komplimente. Weil ich von der Freude des Empfängers auch etwas habe. Kritisch wird es, wenn ich es nicht so meine oder mich einschmeicheln wollte. Von letzterem kommt das ungute Gefühl, was viele Menschen bei netten Worten haben. Es entsteht der Verdacht, da will jemand etwas. Wir haben zu oft erlebt, dass Angebote bei gut geschulten Verkäufern in Freundlichkeit verpackt werden.

Ich finde ein freundliches Wort als Teil von Service oder einer grundsätzlich guten Absicht besser als sich grimmig, aber dafür ehrlich, anzuschweigen.

Vielmehr denke ich, dass wir den Menschen, die uns Gutes tun oder uns nah sind, dies viel zu wenig sagen. Einfach so im Alltag. Einem Kassierer, der uns immer anlächelt, der Reinigungskraft, die für uns die Treppe fröhlich kehrt oder unserer Familie, die uns mit ihrer Liebe durch gute und schlechte Zeiten trägt. Falls du gerade mit jemandem zusammen bist, den du magst, könntest du dies gleich einmal sagen.

Wie hätte dieser Satz gewirkt, wenn ich ihn mir selbst gesagt hätte? Nach einem Glas Sekt und in Feierlaune, besonders schick angezogen hätte ich mir den Satz durchaus mit einem kühnen Lächeln zugerufen. Doch an einem ganz normalen Tag? Da sehe ich sofort, wenn ich schlecht geschlafen und zu viel Kuchen gegessen habe. Ich schaue vielleicht ernster, als ich möchte. Bin gerade traurig oder verärgert und das sieht man jedem an.

Mir ist mit Erstaunen aufgefallen, dass ich dem, was Andere über mich sagen, mehr Bedeutung beimesse, als dem, was ich zu mir sage. Letzteres könnte „gemacht" sein. Ich könnte mir etwas vormachen. Und wenn schon? Ich bin schließlich die einzige, die Tag und Nacht und einfach immer mit mir lebt, warum sollte ich mir da nicht etwas extra Schönes sagen und auch ein wenig übertreiben? Wenn ich öfter mal besonders gut über mich denke schadet das niemandem, im Gegenteil. Denn wenn es mir gut geht, stecke ich Andere damit an, bin kreativer, produktiver und finde auch in schwierigen Zeiten eher gute Lösungen.

Weshalb der Satz, dass wahre Schönheit von Innen kommt auch stimmt.

Gut über sich, andere und das Leben zu denken gibt uns mehr Schönheit als vieles andere. Wenn wir das sehen, dürfen und sollten wir es sagen. Zu anderen und zu uns. „Ciao, wunderschöne Signora Ilona".

2

Man muss nur wollen

Ich habe Sport- und Yoga-Videos für mich entdeckt. So kann ich unabhängig von Kurszeiten meine Übungseinheiten selbst bestimmen. Bei „Blogilates" trainiere ich meine Feinmuskulatur. Wie so manche Frau gehe ich davon aus, dass ich Problemzonen habe. Warum schreibe ich „Frauen"? Hast du schon mal Bauch-Beine-Po- oder Problemzonentraining für Männer gesehen? Nein, Männer bauen Muskeln auf oder trainieren Ausdauer oder Beweglichkeit. Egal, das ist heute nicht das Thema.

Ich trainiere also beispielsweise meine Beine. Cassey zeigt, wie es geht und zeigt außerdem immer Varianten. Eine davon heißt „ Wenn du mehr willst". Dann folgt eine Option, wie die Belastung oder Forderung an den Körper erhöht werden kann. Was glaubst du, wähle ich? Genau, meist die, wo ich es mir selbst schwerer mache. Nun könntest du zustimmen und denken, wir treiben ja Sport, um den Körper in Form und fit zu halten. Dafür braucht er Reize, die höher oder anders sind als im Alltag. Muskeln bauen sich nicht durch Nichtstun auf. So weit so gut.

Ich habe außerdem Yin Yoga für mich entdeckt. Weil ich vor einigen Jahren gemerkt habe, dass ich zu oft angespannt und unter Druck bin. Die Gedanken oder die Muskeln loszulassen, zu entspannen, durchzuatmen gelingt mit dieser sanften Form von Yoga sehr gut. Meine Lieblingstrainerin ist Martina. Wir üben den liegenden Schmetterling, bei dem die Fußsohlen aneinander geführt werden und die Beine nach außen klappen. Das ist anstrengend, weil das Gewicht der Beine die Muskeln und Faszien dehnt.

Martina sagt an, dass ich die Haltung überprüfen und anpassen soll, bis es sich bequem anfühlt. Sie schlägt vor, unter die Knie Kissen zu legen, um die Übung bequemer zu machen. Das ist der Sinn von Yin Yoga. Und was tue ich? Ich schüttle innerlich den Kopf und denke: „Das muss auch ohne

Kissen gehen. Das hat doch letzte Woche auch geklappt." Es fällt mir schwer zuzulassen, dass der Körper heute etwas anderes möchte, dass etwas weh und mir damit nicht guttut. „Andere können das auch", „früher ging das auch" sind Gedanken von mir. Auch wenn mich keiner sieht, treibe ich mich selbst an und mache mir Druck.

Ist das nicht typisch für unsere Art zu leben? "Man muss nur wollen". Wie oft denken und – noch schlimmer –, verhalten wir uns selbst gegenüber so? Es scheint wichtiger als unser eigenes Gefühl zu sein, was der Yogalehrer, ein Kunde oder der Partnern denken könnten.

Wir haben das Prinzip des „sich Zusammenreißens" so verinnerlicht, dass wir es uns gegenüber durchsetzen, koste es, was es wolle. Wir stellen eher uns als das Prinzip infrage, zum Beispiel so:

Dinner Cancelling und dann vor Hunger nicht schlafen können? Das muss doch klappen.

Eine Weiterbildung absolvieren, auch wenn die Arbeitstage schon jetzt übervoll sind? Die Nacht ist nicht allein zum Schlafen da. Man kann auch büffeln.

An Meetings teilnehmen, die unsere Zeit und Kraft stehlen? Das machen doch alle so, da kann ich nicht nein sagen.

Im Urlaub erreichbar sein, statt abzuschalten? Das reden wir uns damit schön, dass wir uns so wohler fühlen würden.

Natürlich gehören Anstrengung und Disziplin zu unserem Leben. Natürlich muss man sich auch einmal zusammenreißen oder kämpfen, um etwas zu erreichen. Ich möchte dich jedoch darauf aufmerksam machen, dass dies ein Dauerzustand geworden sein könnte.

Und vor allem, dass wir zu selten nach dem Preisschild für diese Einstellung schauen. Das häufige Hintenanstellen unserer Bedürfnisse, unserer Kraft, ja unserer Gesundheit, hat einen Preis. Körper und Geist gleichen Belastung lange aus. Sie sind Wunderwerke der Natur. Doch irgendwann zeigen Symptome ein Ungleichgewicht an. Dann knirschen wir mit den Zähnen, haben einen verspannten Rücken, Nacken, Kiefer; Kopfschmerzen oder werden unruhig, wenn wir zur Ruhe kommen.

Druck erzeugt Gegendruck. Das wissen wir. Könnte es einen Zusammenhang zu unserem Thema geben, dass in Deutschland Herz-Kreislauferkrankungen die Todesursache Nummer 1 sind? Jeder Dritte der Deutschen hat Bluthochdruck. Das sind laut der DEGS 20 bis 30 Millionen. Es wird auf unsere Lebensweise verwiesen mit Bewegungsarmut, zu viel und falschem Essen. Doch vor allem Stress und der Druck, den wir uns machen, dürften eine noch größere Rolle spielen als wir glauben.

Einige Beispiele: Wenn du jemand bist, der gern mit Bedacht Entscheidungen fällt, wird es dir und den Entscheidungen nicht guttun, wenn du dich zu oft zwingst, spontan zu sein.

Die wenigsten von uns sind Gehirnchirurgen und müssen blitzschnell entscheiden. Meist können wir z.B. einem Gesprächspartner sagen, dass wir nachdenken und zurückrufen.

Wenn du nicht gern planst und dich zwingst, To-do-Listen abzuarbeiten, wird dir das auf Dauer nicht guttun und deinen Aufgaben auch nicht. Wenn wir uns zu Dingen zwingen, die nicht zu uns passen und uns überfordern, passieren zwei Dinge: Wir sind nicht in unserem Leistungsoptimum - und wir schaden unserem Wohlbefinden langfristig. Den Preis bezahlen immer wir, nicht die anderen, für die wir etwas leisten wollen.

Ein anderes Beispiel: Ich arbeite gerade in einem Raum im vierten Stock. Natürlich kostet es Überwindung, die Treppen zu nehmen. Doch es ist keine Überforderung. Ich bin mir sicher, du kennst diesen kleinen feinen Unterschied auch in deinem Alltag genau. Du könntest deine Aufmerksamkeit dafür schärfen, wann aus einer Leistung eine Überforderung wird und dann sorgsam mit deinen Ressourcen haushalten.

Optimal wäre es außerdem, einen Ausgleich, also kleine Erholungs- und Wohlbefindensinvestitionen, in den Alltag zu integrieren. Die RUHIGE Tasse Kaffee am Morgen, drei Minuten Stille, bevor du morgens aufbrichst, handyfreie Zeiten - und sei es nur eine Stunde am Tag. Auch ein Minimittagsschlaf, ein Spaziergang (ohne Handy, ohne Leistungsdruck) sind hilfreich.

Was passt zu dir, was tut dir gut? Dir, niemand anderem. Ich weiß, dass ich eher der Kraftsporttyp bin.

Deshalb konnten meine jahrelangen Versuche, Freude und Erfolg beim Joggen zu finden, nichts bringen, von Schmerzen und Enttäuschung abgesehen.

Heute trainiere ich mit Freude meine Feinmuskulatur und habe inzwischen gelernt, den Anforderungsgrad an mich nach Tagesform zu variieren. Ich weiß, welches Sportvideo ich an fitteren oder weniger fitten Tagen nutze.

Und dass der größte Effekt durch die Kunst der Pause zu erzielen ist.

3

Von Lebenszeit gibt es keinen Nachschlag

Während des ersten Lockdowns fiel meine Arbeit fast komplett weg. Plötzlich und unerwartet hatte ich viel Zeit. Bis ich diese mit Freude ganz für mich zu nutzen vermochte, hat es eine Weile gebraucht.

Eines Tages gehe ich im Park spazieren und gönne mir als Belohnung, weil ich eine komplette große Runde absolviert habe, eine Bratwurst. Der Mitarbeiter am Stand sagt mir, dass es etwas dauern wird. Er habe gerade erst neue Würste auf den Grill gelegt. Ich warte also. Nach einer Weile werde ich unruhig.

Ich bin es gewohnt, ja erwarte es geradezu, dass alles schnell geht. Ich höre mich denken: „Macht hin, ich habe keine Zeit". Doch plötzlich merke ich auf und erkenne, dass dies nicht stimmt. Heute ist es anders. Ich habe Zeit. Das, was jetzt zu tun wäre, kann ich auch eine Stunde später tun. Es wartet kein Temin auf mich. Nicht einmal in eigener Sache für eine Schulung oder ähnliches.

Ich könnte mich eigentlich darüber freuen, Zeit zu haben. Wie oft haben wir uns das früher gewünscht. Doch ein abwertender Gedanke macht diese Freude zunichte: „Nur Looser haben Zeit".

Vor Corona galt es, so viel wie möglich in so kurzer Zeit wie möglich zu erledigen. Wir haben uns die Tage so voll geplant, dass wir für die einzelnen Tätigkeiten selbst manches Mal nicht ausreichend Zeit hatten. Meine Klienten haben mir berichtet, wie sie von Termin zu Termin hetzten, dass das Essen ausfiel, ja nicht einmal Zeit für die Toilette blieb.

Wir haben beim Autofahren telefoniert, beim Fernsehen Sport getrieben, am Computer gegessen und vieles mehr – immer getrieben von der Furcht, sonst gar nicht alles schaffen zu können, was wir uns beruflich vorgenommen haben.

Dieses Phänomen ist nicht auf die Arbeitswelt beschränkt. Ich habe mich manches Mal beschwert, wenn ich mit Freunden telefonierte, dass sie währenddessen gebügelt, geputzt oder anderes getan haben. Man kann nicht konzentriert und aufmerksam zwei Dinge gleichzeitig tun.

Mein eigener Kalender war besonders vollgepackt. Wollten sich Freunde mit mir verabreden, musste dies Monate vorher geschehen. Durch meine Vorträge war ich immer auf Reisen, hatte abends Klienten, war im Konzert oder beim Sport. Ja, das war ein buntes, reiches Leben. Doch ich habe auch gespürt, wie gehetzt ich war. Ich konnte nicht mal im Urlaub oder am Wochenende Ruhe finden. Manche Menschen berichteten sogar davon, dass sie es nicht mehr aushielten, nichts zu tun. Dann kämpften sie mit innerer Unruhe oder einem schlechten Gewissen. Wir waren es so gewohnt, immer aktiv zu sein.

Es schien folgerichtig, dass wir Deutschen uns viele Jahre in Umfragen oder als Neujahrswunsch mehr Zeit für uns selbst wünschten. Mich hat schon vor Corona gewundert, wieso wir uns immer wieder das Gleiche wünschen. Warum erreichen wir es nicht? Vielleicht erreichten wir es nicht, weil wir es nicht wichtig genug nahmen? Doch was kann wichtiger sein, als Zeit für uns zu haben? Es ist ja immerhin unsere Lebenszeit, durch die wir jagen.

Davon gibt es keinen Nachschlag.

Auch keine Verlängerungszeit, wenn die Tore, die wir schießen wollen, noch nicht gefallen sind.

Neben der eigenen Furcht, nicht genug zu schaffen, war und ist ein Hektik-Verstärker, dass viel beschäftigt zu sein gesellschaftlich anerkannt ist. Vielleicht ist es dir auch schon einmal passiert, dass du pünktlich Feierabend gemacht hast und ein Kollege dir lustig hinterherrief, ob du einen Halb-tagsjob hättest. Wie viele Menschen nehmen keinen Aus-gleich für die angesammelten Überstunden und lassen sie verfallen. Weil sie meinen, dass keine Zeit dafür ist und es nicht gut „ankommen würde". Wir streichen den Sportkurs, um statt dessen Pflichten zu erfüllen. Wir übertrumpfen uns gegenseitig mit unserer ständigen Erreichbarkeit.

Kürzlich durfte ich an einer Veranstaltung zu neuen Arbeits-gewohnheiten im Homeoffice teilnehmen. Der Vorstand ei-ner Krankenkasse berichtete, dass seine Onlinetermine zum Teil doppelt vergeben sind, weil er an so vielen Gesprächen teilnehmen soll. Spontan dachte ich: So eine Art zu arbei-ten müsste man bedauern. Denn der Preis kann die Gesund-heit des Vorstandes sein. Gleichzeitig merkte ich, dass in mir auch ein neidvolles „Wow, so gefragt ist dieser Mann" mit-schwang.

Meine Gedanken gingen dabei noch weiter: Wer keine Zeit hat, scheint Wichtiges zu tun zu haben, scheint wichtig zu sein. Scheint von anderen gebraucht zu werden. Wer ge-braucht wird, ist wichtig. Oder besonders gut. Gut und wich-tig. Ja, das wollte ich auch immer sein. Und ich habe meinen Zeit- und Krafteinsatz für diesen Leistungsanspruch selten überprüft.

Wer hatte vor der Pandemie Zeit? Nicht einmal die Rent-ner. Sie hatten Enkel zu versorgen, den Garten, gingen ihren Hobbys nach und haben Vereine geleitet. So waren auch sie wichtig. Studenten? Nein, denn heute muss man neben dem Studium schon Praktika im gewünschten Beruf sammeln, schreibt einen eigenen Blog, jobbt oder netzwerkt.

Mit gutem Gefühl Zeit zu haben war wohl nur Aussteigern oder Menschen mit besonderen Lebensmodellen vergönnt. Deren Ansehen ist jedoch nicht immer wertgeschätzt.

Zeit zu haben war und ist ambivalent. Corona hat uns diese Zeit, die wir uns so gewünscht haben, verschafft. Nur wenige Menschen nutzen sie so genussvoll, wie sie es sich einmal gewünscht haben. Um Hobbys nachzugehen, Zeit für Träumen zu haben oder sich auszuruhen. Wir freuen uns auf die Rente in der Hoffnung, dann endlich das tun zu können, was wir gern wollen und nicht mehr müssen. Warum nur tun wir es nicht, wenn wir die Gelegenheit haben? Weil es sich ungewohnt anfühlt. Wir wissen wenig mit uns anzufangen ohne unsere Struktur aus Aufgaben und Pflichten.

Ich habe mich in den Monaten der Lockdowns manches Mal nach meiner (zu) vielen Arbeit gesehnt. Mit Aktionismus versuchte ich, irgendwie dabeizubleiben und nicht verlorenzugehen. Auch ich habe mich gegen die geschenkte Zeit gesträubt. Und das nicht nur, weil ich meinen Lebensunterhalt verdienen möchte. Sondern vor allem, weil ich mich ohne viel zu tun zu haben unwichtig fühlte.

Inzwischen habe ich erfreulicherweise erkannt, wie wertvoll diese geschenkte Zeit ist.

Ich kann mich erholen und Kraft sammeln für die nächsten Lebensphasen. Vor allem kann ich bessere Gewohnheiten etablieren. Zum Beispiel Geduld und Langsamkeit.

Die Geduld, auf neue Ideen für meine Filme genauso gelassen zu warten wie auf eine Bratwurst.

Die Langsamkeit, die nicht nur beim Essen, sondern auch beim Arbeiten zu mehr Genuss führt. Dies alles schenke ich mir nun. Einfach weil ich mich und meine Lebenszeit wichtig genug nehme.

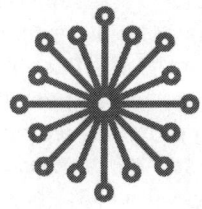

4

Mit wem möchtest du tauschen?

Als von Corona betroffene Soloselbständige, hoffe ich auch im zweiten Lockdown auf Fördergelder. Ich befasse mich gern mit Zahlen und Anträgen. Deshalb muss ich mich nicht dazu überwinden, alles zusammenzustellen und mit dem Steuerberater abzustimmen. Trotzdem geht das Vorhaben nicht auf. Denn ich habe die Voraussetzungen für die Novemberhilfe um 10 Prozent verpasst. Mein Geschäft ist „nur" um 70, nicht um 80 Prozent eingestürzt. Ich bin fassungslos, denn ich habe mit dem Geld gerechnet.

Vieles geht mir durch den Kopf: Wie ungerecht ist es, dass willkürlich festgelegt wird, welcher Geschäftseinbruch „genug" ist. Warum dürfen Restaurants mit dem Außer-Haus-Geschäft so viel dazu verdienen, wie sie wollen? Überhaupt: es ist deprimierend, von Fördermitteln abhängig zu sein.

Doch schnell fasse ich mich und mache mir klar: Das ist alles nur negatives Denken, mit dem ich mir selbst die Stimmung verderbe und die Tatsachen nicht ändere. Außerdem kann ich alles auch anders sehen.

Ich kannte die Bedingungen vorher und muss mich ja nicht dafür bewerben, wenn ich sie als ungerecht empfinde. Ich halte mir vor Augen, dass ich glücklich darüber war, schon zwei Mal in diesem Jahr Fördermittel bekommen zu haben. Meine privaten Ausgaben werde ich decken können, denn ich habe im Vorjahr gespart. Ich hatte hart dafür gearbeitet und diesen Erfolg über 15 Jahre aufgebaut.

Ich kann mir wirklich selbst auf die Schulter klopfen, dass ich immer gut mit Geld haushalte und gerne nach einem Budget lebe. Egal, wie schmal es ist. Das sind Talente, die mir in Krisenzeiten schon mehrmals geholfen haben.

Trotzdem kam ein zweiter Schub an negativen, vergleichenden Gedanken: Viele Menschen haben wie immer ihre Arbeit, vielleicht eben von zu Hause oder mit Abstand, und schätzen das gar nicht. Selbst Kurzarbeiter haben noch Arbeit und ein Teil des Einkommens steht regelmäßig zur Verfügung. Ich jedoch habe keine Ahnung, wann ich überhaupt wieder etwas verdienen werde. In solche grüblerischen Überlegungen kann ich mich echt gut versinken lassen. In einer gekränkten oder enttäuschten Atmosphäre kann dies zu einer richtigen Abwärtsspirale werden. In negativer Stimmung sieht man noch viel mehr Negatives und vergisst, zu relativieren.

Mir gelingt in derartigen Situationen ein Perspektivwechsel mit einem einfachen Trick. Ich verrate ihn dir. Denn du kannst das in vergleichbaren Situationen auch tun.

Ich stellte mir eine einfache Frage:
Mit wem möchte ich tauschen?

Ja, Restaurants können dazu verdienen. Aber Gastronomie ist ein harter Job. Man ist ständig auf den Beinen, will immer anspruchsvollere Gäste zufriedenstellen. Meine Oma war in der Gastronomie und hatte am Ende ihres Lebens krumme Beine. Davon träume ich nicht. Ich möchte auch nicht bei der Post arbeiten. Weil ich nicht Auto oder Fahrrad fahre.

Ich möchte kein Lehrer sein, weil mir die Geduld dazu fehlen würde. Doch ich kann diese Power-Frage auch noch weiter fassen.

Manchmal wünsche ich mir, fitter zu sein oder schlanker. Dann sehe ich meine Sporttrainerin Cassey vor mir. Super fit, kein Gramm Fett an der falschen Stelle. Doch möchte ich mit ihr tauschen? Die drahtigen Beine möchte ich vielleicht haben. Doch den Rest des Lebens kenne ich nicht. Vielleicht gibt es eine kranke Schwester zu versorgen oder Streit mit Kollegen? Vielleicht leidet die so strahlend wirkende Trainerin an Migräne oder kann schlecht schlafen.

Wir sehen auf den ersten Blick oft das, was wir bewundern, beneiden, was wir haben wollen. Als Vorbild ist jemand gut, der etwas auf einem Gebiet erreicht hat, was wir uns selbst vornehmen. Dann wissen wir, wenn einer das schafft, dann schaffe ich das auch. Auch hierbei sollten wir achtsam bedenken, was davon zu uns passt.

Denn um diese Sixpack-Körper zu bekommen, benötigen wir entsprechende Gene, eine entsprechende Veranlagung. Es stimmt sicher für einige wenige super schlanke Models, dass sie essen können, was sie wollen und nicht zunehmen. Das ist ihre Anlage. Und meistens haben diese Menschen auch gar nicht so viel Freude am Essen. Alle anderen hungern sich kaputt. Ich könnte Monate hungern und täglich Stunden trainieren. Aus mir wird keine Cassey.

Und das ist gut so. Denn sonst hätte ich auch nicht meine Stärken und Talente. Ich mag meinen Sonnenschein, der immer wieder hervorkommt, auch nach schwierigen Phasen.

Ich bin ein freundlicher Genussmensch. Als Fittnessguru wäre es vorbei mit der sonntäglichen heißen Schokolade aus Kuvertüre mit Schlagsahne. Das würde mir fehlen. Ich möchte meine schöne Wohnung mit Blick auf den Springbrunnen nicht missen, auch meine Freunde nicht und meine Familie, mit der ich mich sehr gut verstehe.

Plötzlich kommen immer mehr Gedanken der Dankbarkeit. Für die Blumen auf meinem Tisch – wie schön, dass die Lebensmittelläden Blumen verkaufen. Für die Kollegen, die mich unterstützen, die Nachbarn, die an meinen Geburtstag denken. Und dieses Relativieren bringt mir sofort meine gute Stimmung zurück.

Ich denke keine Sekunde länger darüber nach, was nicht geklappt hat. Statt dessen mache ich einen neuen Plan, wie ich meine Finanzen anders einteile und wo ich sparen kann. Ich tue dies mit Freude, denn mein Leben ist voller großartiger Dinge.

Ich möchte mit niemandem tauschen. Und du?

5

Du bist nie zu beschäftigt, um etwas Gutes zu tun

Kürzlich gehe ich zu meinem gewohnten Spaziergang im Park des Japanischen Palais. Ich tue dies regelmäßig und bei jedem Wetter. Weil ich in der Natur gut abschalten und auftanken kann. So auch dieses Mal. Es ist windig und kalt, ich bin spät dran. Plötzlich sehe ich einen alten Mann mit Hund hinter einer Hecke liegen und nach mir rufen. Irritiert bleibe ich stehen, um mich zu orientieren.

Zunächst fühle ich mich unsicher und habe Bilder im Kopf, wo scheinbar verunglückte Menschen um Hilfe bitten, um dann den Helfer zu überfallen. Doch hier? Ein alter Mann ganz allein? Näher herantretend höre ich, wie er mir erklärt, er sei hingefallen und komme nicht allein auf die Beine. Ich sehe einen alten, feingliedrigen Mann und kann ihm gut aufhelfen, weil ihm die Beine versagen. So hebe ich ihn auf eine Bank. Sie ist kalt und ich polstere sie mit meiner Mütze und seinen Handschuhen. Er bittet mich, keinen Krankenwagen zu rufen. Seine Frau sei gerade im Krankenhaus gestorben. Wir versuchen, seine Kinder zu erreichen. Er bedankt sich und schickt mich weg, weil er allein telefonieren könne. Doch die Kinder sind zunächst nicht erreichbar. Ich kann diesen alten, traurigen, hilfsbedürftigen Mann nicht allein auf dieser kalten Bank sitzen lassen.

Jeder von uns braucht einmal Hilfe. Plötzlich ist alles andere unwichtig. Meine Telefonate und sonstigen immer so wichtigen „to dos" können auch später erledigt werden. Was zählt ist die unterkühlte Hand des alten Mannes, die ich halte und mit meiner wärme.

Immer wieder versichert mir der alte Mann, ich solle ruhig arbeiten gehen. Ich hätte doch bestimmt keine Zeit. Er hat Recht. Wir viel beschäftigen Menschen meinen immer, keine Zeit zu haben, sind immer in Eile. Kann das wirklich unser Lebenskonzept sein? Ich muss mich gar nicht entscheiden, jetzt Zeit für den alten Mann zu haben, ich habe sie einfach.

Wir unterhalten uns über den Kummer, einen Menschen zu verlieren. Dass er so eine Schwäche seiner Beine noch nie erlebt hat mit seinen 89 Jahren. Ich verstehe ihn so gut, dass er nicht ins Krankenhaus möchte. Wir sind lieber zu Hause, wenn uns etwas fehlt. Wir erreichen eine Tochter, die Hilfe schickt und den Hund mitnimmt, aber kein Auto hat. Leider kann der alten Mann nicht laufen. Am Ende rufen wir den Krankenwagen. Ich versuche dem alten Mann Mut zu machen, dass er bestimmt bald wieder zu Hause ist. Wir winken ihm, als er, allein auf seiner Liege, davon gefahren wird.

Ich weiß nicht, wie lange der alte Mann und ich auf der Parkbank gesessen haben. Lange. Nicht lange genug, um seinen Kummer ein wenig zu lindern und das Herz zu wärmen. Ich bin tief bewegt, als ich langsam zurückgehe. Ebenfalls allein.

Rührt doch so eine Begegnung an der Angst vor eigener Krankheit und Tod. Oder bezüglich der Menschen, die wir lieben. Sie werden eines Tages nicht mehr so sein wie heute. Wir auch nicht. Ich bin beschämt, dass ich einen Augenblick gezögert habe, zu helfen. Wenn wir uns die Verhältnismäßigkeit meiner Befürchtungen anschauen, dann sind Überfälle die absolute Minderheit an einem Tag, an dem sich Millionen von Menschen in unserem Land begegnen und einige davon Hilfe brauchen.

Altruismus – uneigennütziges Helfen – ist, wissenschaftlich gesehen, der Glücksfaktor Nummer 1. Wir sollten uns öfter daran erinnern, wenn wir überlegen, wie wir unser Leben, unsere Arbeit oder unser Land besser machen wollen.

Positive soziale Gefühle wie Hilfebereitschaft oder Zusammengehörigkeit sind die wirkungsvollsten der positiven Emotionen, die wir Menschen kennen. Mit ihnen können wir Stress und negative Gedanken ausgleichen, Gesundheit und Wohlbefinden stärken.

Auf Zellebene kann nachgewiesen werden, dass kurzfristige Glücksbringer wie ein gutes Essen, zwar die Stimmung verbessern, aber Stress nicht abbauen. Dies tun Handlungen, die Sinn stiftend sind. Auch hier sind wir wieder beim Helfen und Gutes tun.

Lass uns deshalb einander öfter die Hand reichen: um einander zu halten, zu helfen, zu stärken, zu vergeben. Die Zeit läuft für uns alle. Besinnen wir uns auf das Wesentliche vor allem dann, wenn es uns gut geht. Statt von einem Termin zum nächsten zu hetzen und unsere Tage vollzustopfen mit Dingen, die uns nicht unter Garantie glücklich machen, sollten wir öfter inne halten und Zeit verschenken.

Zeit, in der wir jemandem Hand und Herz reichen.

Hier reiche ich dir meine.

6

Hast du dir dein Glück verdient?

Findest du auch, dass diese Frage schön doppeldeutig ist? Welcher Aspekt ist dir als erstes aufgefallen? Der, ob es gerechtfertigt ist, dass du so glücklich bist, wie du es bist? Oder der, wieviel du dafür leistest, um glücklich zu sein?

Zu dieser Frage bin ich kürzlich durch ein Erlebnis gekommen. Ich habe einige Zeit an der Ostsee gearbeitet, in einer schönen Wohnung mit herrlichem Blick auf das Meer. Ein Foto davon schickte ich an meine Freundin. Sie schrieb sofort zurück „Du hast ein Glück". Und ich? Wollte mich rechtfertigen! Ich begann, gedanklich mein Glück herunterzuspielen. Ich wollte ihr schreiben, dass sie dies jeden Tag habe – sie wohnt am Meer. Dass ich zwar gerade in dieser schönen Wohnung bin, dafür aber seit langem meine Hauptarbeit verloren habe. Ich wollte beschreiben, wie umständlich es war, diese Unterkunft zu finden. Kurzum: Ich wollte erklären, dass ich mir dieses Glück durch Aufwand und das Bewältigen von Unangenehmem verdient hätte.

Erfreulicherweise nahm ich meine Gedanken wahr, bevor ich schrieb - und erschrak. Wieso konnte ich nicht einfach denken: „Ja, ich habe Glück"? Und zwar sehr oft im Leben. Ich erkannte beim Nachdenken darüber „meine" Muster, mit denen ich mir mein eigenes Glück erschwere:

Bist du auch wie ich bin mit dem Spruch „Erst die Arbeit, dann das Vergnügen" groß geworden? Zwar habe ich bereits vor einigen Jahren erkannt, dass das so nicht ganz stimmen kann und beschlossen, den Spruch umzudrehen. Doch so ganz in Fleisch und Blut übergegangen ist mir diese neue Sicht noch nicht.

Erst das Vergnügen, dann die Arbeit. In dieser Reihenfolge wäre es viel besser. Denn wenn es uns gut geht, wir Freude bei einer Tätigkeit haben, fällt sie uns meist leichter und die Ergebnisse sind besser.

„Man bekommt nichts geschenkt" ist ein anderer Spruch, der in die gleiche Richtung zielt. Ist es nicht sogar manchmal so, dass wir argwöhnisch werden, wenn uns jemand etwas Gutes tun will? Außerdem stimmt der Spruch gar nicht. Wir alle bekommen viel geschenkt.

Das beginnt mit unserem Leben. Geht weiter mit den vielen Dingen, die Eltern, Freunde, ja sogar Arbeitgeber uns schenken oder kostenlos zur Verfügung stellen. Wir selbst können uns mit Zeit, Freude, Genuss beschenken. Doch meist putzen wir erst die Fenster oder machen die Steuererklärung, bevor wir uns einen Kaffee gönnen.

Vor allem für uns Frauen ist Zusammenhalt und die Pflege guter sozialer Beziehungen wichtig. Oft ist uns das jedoch gar nicht bewusst. Wir wollen dafür sorgen, dass es möglichst allen gut geht. Am besten noch allen gleich gut. Wir stellen dafür sogar eigene Interessen und Bedürfnisse zurück. Eltern sorgen auf dieser Basis für kleine Kinder, ohne zu murren. Doch wir übertragen dieses Verhalten auch auf andere Lebensbereiche. Wie wohl würdest du dich etwa damit fühlen, wenn andere wissen, was du verdienst? Vor allem, wenn es mehr ist? Einige Menschen schneiden Etiketten aus ihrer Kleidung heraus. Denn in vielen Regionen Deutschlands zeigt man nicht vordergründig, was man sich leisten kann. Wir möchten keinen Neid provozieren. Doch freuen sich andere nicht auch mit uns, wenn es uns gut geht?

Sein Glück mit dem Glück anderer zu vergleichen macht keinen Sinn. Jeder hat andere Bedürfnisse und Glücksfaktoren. Musik ist für den einen der Himmel auf Erden, für andere Belastung. Ein großes Auto beglückt den einen, den anderen nicht. Ebenso ist es mit schöner Kleidung, einem Haustier oder öffentlicher Aufmerksamkeit. Viel von diesem oder jenem zu haben heißt nicht, dass wir damit anderen etwas von deren Glück wegnehmen.

Ich bin schon lange ein Glückskind. Ich lebe in einem wohl-habenden Land, habe Eltern, die hinter mir stehen, bin super gesund und vieles mehr. Solche Faktoren können wir zum Teil beeinflussen, zum Teil nicht. Denn wir können Glück haben und glücklich sein.

Das bringt uns zu der Überlegung, dass wir das „Glück haben" nicht direkt beeinflussen können. Ich muss Lotto spielen, wenn ich gewinnen will. Ob dies eintritt, ist unabhängig von mir. Ich kann viel für meine Gesundheit tun. Ob ich vollkommen gesund bleibe, hat trotzdem Zufallsfaktoren. Ein Zwischenbereich ist meiner Ansicht nach die Familie. Ich kann nicht beeinflussen, von wem ich geboren werde. Ich kann auch nicht beeinflussen, ob meine Eltern mich lieben und schätzen. Ich kann allerdings viel für einen guten Kontakt und Zusammenhalt tun. Garantiert ist dieser nicht.

Was ich immer steuern kann ist, wie glücklich ich bin. Ich kann immer sofort etwas tun, was mich glücklich macht, sei es richtig gut zu essen, auszugehen oder einen guten Film anzusehen. Wir erwarten dann allerdings sehr viel von diesen Glücksmomenten und investieren entsprechend viel.

Es ist jedoch ein Irrtum zu meinen, dass dieser Glückzustand lange anhält. Das Glück eines Essens oder Spiels ist schnell vorbei. Dann brauchen wir mehr davon und möglichst immer wieder einen neuen Kick. Denn Dopamin, was unsere Begeisterung steuert, nutzt sich ab. Es braucht dann für den gleichen angenehmen Effekt neue oder stärkere Reize.

Langfristiges Glück entsteht vor allem durch sinnvolles Tun. Das kann darin bestehen, etwas Neues zu lernen, es kann auch eine gemeinsame Aktivität mit anderen sein. Über eine gelungene Weihnachtsfeier sprechen wir länger als über eine neue Anschaffung. Langfristig glücklich macht es auch, wenn wir uns weiter entwickeln. Vor allem, wenn wir Erfahrungen, Erwartungen, Denk- und Verhaltensmuster verändern, mit denen wir unser Glücklichsein selbst torpedieren.

Das geschieht zum Beispiel, wenn wir unsicher sind, wenn wir uns selbst nicht wertschätzen, perfektionistisch, ängstlich oder enttäuscht sind und das ein Leben lang mit uns herumtragen. Wenn wir merken, dass wir uns in bestimmten Situationen oder bei bestimmten Themen immer wieder selbst im Wege stehen, dann können wir uns hier selbst coachen oder Unterstützung holen, um dies zu ändern.

Zurück zu meiner Freundin. Nach meinen Reflektionen hab ich ihr mit einem glücklichen Smiley geantwortet. Es stimmt. Ich habe oft Glück. Und ich bin oft glücklich. Ich werde dies noch bewusster genießen und andere damit anstecken. Hoffentlich auch dich mit diesen Zeilen.

7

Hauptsache bequem

Ich halte meinen geliebten, kuschligen grauen Pullover ans Licht und knurre. Ich sehe zwei neue Löcher. Grundsätzlich finde ich das nicht schlimm und werfe nichts weg, was beschädigt ist.

Ich versuche, sie zu reparieren. Erfreulicherweise habe ich in der Schule gelernt, wie man stopft. Kannst du das auch? So richtig mit Stopfpilz und dicker Nadel? Ich habe zwar keinen Stopfpilz mehr, doch ein Flaschenboden tut es auch. Die Löcher sind so klein, dass sie mit wenigen Stichen zu schließen sind. Allerdings: Ich habe an diesem Pullover schon so viel repariert. Am Kragen, unter dem Arm, an den Seitennähten. Am Ellenbogen ist deutlich sichtbar ein großes Loch gestopft. Ich glaube, ich habe diesen Pullover irgendwann einmal von meiner Mutter geschenkt bekommen. Er ist schon so alt, dass ich es nicht mehr ganz genau weiß. Weil er so kuschelig ist, begleitet er mich überall, zumindest in den kühleren Monaten.

Ich betrachte ihn und frage mich, was andere über dieses „Flickenwerk" denken würden. „Wirf ihn weg". „So kannst du doch nicht herum laufen". Ich erwische mich bei dem Gedanken „für zu Hause, für mich geht es noch" und halte inne.

Was sage ich mir damit? Dass es nicht so wichtig ist, wie ich zu Hause aussehe? Dass ich nicht so wichtig bin? Ich forsche interessiert weiter. Würde ich diesen Pullover anziehen, wenn ich zu Freunden gehe, mit Klienten oder, noch viel spannender, für eine Fernsehaufnahme oder auf der Bühne? Ich bezweifle es. Warum mache ich diesen Unterschied?

Viele nutzen heute das geflügelte Wort „wie innen so außen". Damit wird ausgedrückt, dass man uns unsere Haltungen, Gedanken und Gefühle ansieht und wir ein dazu passendes Umfeld schaffen. Wenn das stimmt, müsste das ja umgekehrt genauso gelten. Also: wie außen so innen.

Wie innen, so außen heißt, andere sehen mir an, wie freund-
lich, hilfsbereit oder fürsorglich ich denke. Wenn ich oft ha-
dere oder mich ärgere, wird sich das in meinem Gesicht und
meiner Körperhaltung ausdrücken. Wenn ich mich nicht damit befasse, wie ich mich fühle oder wie ich gesund bleibe,
dann werde ich mich wahrscheinlich auch weniger darum
kümmern, welche Kleidung ich trage.

Wie außen, so innen meint in unserem Kontext, dass ich mit
der Wahl meiner Kleidung meine Stimmung, meine Gedanken und Gefühle beeinflusse.

Farbe und Materialien wirken auf uns. Wenn es draußen nie-
selt und grau ist, werde ich meinen ohnehin schon grauen
Lieblingspullover nicht anziehen, sondern einen in Orange
oder Rot. Wenn ich schlapp bin, wähle ich absolute Lieb-
lingskleidung. Wenn ich diese anziehe, habe ich einen selbst
bestimmbaren Augenblick der Freude und fühle mich danach wohler. Wenn ich etwas trage, was locker sitzt, ärgere
ich mich nicht den ganzen Tag, dass ich über den Winter zu
viel gegessen habe.

Es gibt Experimente, die zeigen, dass man sich selbstbe-
wusster verhält, wenn man einen Arztkittel trägt. Aufgaben
werden besser gelöst, also die eigenen Potentiale besser
genutzt. Wenn du ein Bewerbungstelefonat führst und Jog-
ginghosen trägst, hast du demnach eine andere Ausstrah-
lung als wenn du ein Hemd und ein schicke Hose trägst.

„Hauptsache bequem" ist ein Gedanke, der zu einer adäqua-
ten Körperhaltung führt. Beobachte das einmal. Wir lüm-
meln dann eher auf dem Stuhl und essen weniger kultiviert
als schick gemacht in einem Restaurant.

Apropos. Beim Essen ist das ganz ähnlich. „Hauptsache satt"
ist eine Haltung, mit der man weniger Zeit und Geld in sein

Essen investiert. Doch das, was wir essen, bestimmt unsere Zukunft, wie unser Körper funktionieren und sich fühlen wird. Ob wir Energie, Lebensfreude und Gesundheit fördern oder nicht.

Wir werden uns mit einer „Egal"-Lebens-Haltung weniger darum kümmern, ob der Schreibtischstuhl unbequem für den Rücken ist, was wir aus unserem Geld machen oder wie aufgeräumt unser Zimmer ist.

Vielleicht gehörst du zu denjenigen, die Dinge „für gut" aufheben? Meine Oma hat das mit dem Porzellan so gemacht. Das war zu einer Zeit, wo man sich weniger leisten konnte oder es nicht immer alles gab, um es z.B. nachzukaufen.

Falls du Kleidung oder Porzellan für sonntags aufhebst, um besondere Tage besonders zu gestalten, dann kann das ein schönes Wohlfühlritual sein. Etwas anderes wäre es, wenn du sie nur für Besuch aufhebst.

Von Menschen aus Branchen mit sehr formeller Kleidung höre ich manchmal, dass sie das Gefühl haben, sich zu verkleiden. Nicht jeder trägt gern einen Anzug oder ein Kostüm. Auch Uniformen im Beruf können ein Grund sein, zu Hause zu sagen: Jetzt trage ich, was ich möchte. Das heißt doch aber nicht, jetzt darf es „egal" werden. Es gibt bequeme schöne Kleidung. Doch seien wir ehrlich. Zu oft ist es zu Hause wie mit meinem Pullover. Wir ziehen kaputte Dinge an. Die bequeme Hose ist nicht nur bequem, sondern die Knie sind ausgeleiert und die Farbe ausgewaschen. Die Hausschuhe sind schief gelaufen. Ist das der Respekt, den wir uns erweisen?

Teste ganz einfach, ob du dir selbst etwas vormachst, wenn du „bequem" sagst. Würdest du deine „bequeme" Hose einem lieben Besucher zum Anziehen geben, der es sich bei dir „bequem" machen möchte?

Mir gefällt die Idee, mir mit Kleidung etwas zu sagen. Wenn ich im Homeoffice arbeite, wechsle ich abends die Bekleidung. Mein Gehirn bekommt das Signal, dass jetzt Feierabend ist. Ich höre auf, über Arbeitsthemen nachzudenken oder schnell noch einmal E-Mails zu lesen.

Das wichtigste zum Schluss.

Mein Gedanke „für mich geht der Pullover noch" heißt, dass ich mir selbst weniger Wert gebe als anderen. Es ist eben nicht egal, wie ich aussehe. Dahinter steht ein Wertesystem, worauf ich dich immer wieder aufmerksam machen möchte. Wir gehen tendenziell mit anderen wertschätzender, respektvoller, aufmerksamer um als mit uns.

Ja, der alte Flickenpullover mag sich bequem anfühlen. Ein gutes, wertvolles, liebevolles Gefühl vermittelt er auf keinen Fall.

Was tut mir gut, wie wohl fühle ich mich mit Kleidung oder Situationen? Das sind Fragen, für die wir uns zu selten Zeit nehmen und die doch unser Leben verändern. Denn nur so gut, wie wir mit uns umgehen, werden wir unseren Alltag meistern.

Ich bin mir noch nicht sicher, ob ich meinen grauen Lieblingspullover aussortiere. Ich hänge einfach an ihm. Doch ich habe heute schon einmal einen möglichen Ersatz bestellt. Und ich werde eine Freundin um einen objektiven Rat fragen.

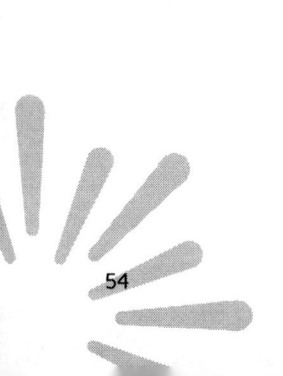

54

8

Sei doch mal negativ

Mein Fuß tut weh. Seit Monaten. Erst habe ich so getan, als ob nichts sei. Dann hat mich der Schmerz hartnäckig darauf aufmerksam gemacht, dass etwas ist. Also ging ich los, um die physiologische Ursache zu erkunden, zum Orthopäden, Osteopathen, Einlagenhersteller. Parallel habe ich natürlich nach den psychischen Ursachen gesucht. Ich war beim Heilpraktiker und beim Schmerzcoach. Ich habe meine Faszien ausgerollt, den Fuß eingerieben und Akupunkturnadeln setzen lassen. Es ging mal besser und mal schlechter.

Dann die Diagnose, dass organisch – abgesehen von einer Fehlstellung des Fußes - soweit alles in Ordnung sei. Ist das nun eine gute oder eine schlechte Nachricht? Die gute ist, dass ich nicht unters Messer muss. Die schlechte ist, dass ich immer noch nicht weiß, warum der Fuß schmerzt. Körperliche Faktoren sind für uns fassbarer als seelische, Körperliches glauben wir zu verstehen. Doch bei jeder Erkrankung spielt die Gesamtsituation, die Einheit von Körper und Seele, eine Rolle. Was meine Seele mir sagen will, ist viel schwerer zu erkunden und zu verstehen und erst recht zu ändern, als Muskeln zu trainieren. Die Seele hat nur die Sprache der Symptome und Träume. Und das versteht unser Verstand oftmals nicht.

Die Fehlstellung meines Fußes brachte mich zu der Frage, wie ich mit meinem Körper Tag für Tag umgehe. Quäle ich ihn vielleicht oft mit sportlicher Überforderung, sinnlosen Diäten, einseitiger Belastung, zu wenig Ausgleich? So lange alles funktioniert, ignorieren wir, dass unser Körper viel mehr Fürsorge braucht. Noch deutlicher wird das bei Geist und Seele: Wie oft halten wir inne, wenn uns etwas trifft oder wir straucheln?

Wie oft hinterfragen wir einen seelischen Kummer, gleichen ihn durch besondere Fürsorge aus, statt uns zur Disziplin zu rufen oder durch Alkohol, Spiel oder Einkauf zu betäuben?

Klargeworden ist mir weiter, dass mein Hadern mit dem Schmerz, mein unbedingter Wille, den Schmerz zu beseitigen, alles nur schlimmer macht. Dadurch richtet sich die Aufmerksamkeit genau auf das Unangenehme statt auf die vielen Dinge, die funktionieren und wohl tun. Der Versuch, den Schmerz als etwas Fremdes und Unerwünschtes zu bekämpfen, schneidet ihn von der Lebensenergie des Gesamtsystems ab. Lebensenergie und gute Gedanken aktivieren jedoch unsere Selbstheilungskräfte.

Als positiv denkender Mensch bevorzuge ich positive Gefühle wie Freude, Zufriedenheit und Genuss. Manchmal vergesse ich darüber, die negativen nicht nur zu akzeptieren, sondern genauso in mein Herz zu schließen. Denn auch Ärger, Verzweiflung, Hoffnungslosigkeit oder eben Schmerz sind ein Teil von mir. Die wahre Freiheit wäre, mit dem Guten und Schlechten, dem Angenehmen und Unangenehmen gleich souverän und liebevoll umzugehen. All das sind Teile des Lebens, Teile von mir.

Leichter gesagt, als getan und mit Lerneffekten verbunden: Der Körper und somit auch die Seele brauchen Ruhe. Und: Liebe dich genauso, wie du gerade bist. Nicht erst dann, wenn deine unendlich vielen Bedingungen für Glück erfüllt sind. Mal fehlt eine glückliche Partnerschaft, mal die richtige Figur, mal fehlt ein angestrebter beruflicher Erfolg. Nun fehlt vollkommene Schmerzfreiheit. Immer ist etwas, was mich daran hindern könnte, glücklich und in mich verliebt zu sein.

Ich entscheide mich deshalb, mich mit dem Schmerz zu versöhnen, danke ihm, dass er mein Lehrmeister ist. Er ist ein Spiegel, wieviel ich an meinem reichen, schönen und beschützten Leben doch im Laufe eines Tages auszusetzen habe.

Ich nehme den Druck raus, ändere das Ziel aller Maßnahmen. Ich denke beim Massieren, Rollen und Eincremen nicht mehr krampfhaft darüber nach, wie schnell das helfen soll. Stattdessen, wie gut es ist, dass ich mir gerade Zeit nehmen kann. Dass der Fuß nicht weh tut, wenn ich sitze, und dass ich schon unangenehmere Schmerzen hatte.

„Weiche", liebevolle Gedanken lockern nicht nur den Geist, sondern auch den Körper und führen zu entspannteren Gehirnfrequenzen. Entspannung fördert Heilung. Haben wir Stress, entsteht der so genannte Tunnelblick. Wir sehen nur das Problem und nicht mehr nach rechts und links. Dadurch wird das Problem mental immer größer und belastender, das führt zu mehr Stress. Ein Teufelskreis.

Schließlich lerne ich, aus dem Kontrollmodus auszusteigen. Wir leben in der Illusion, dass wir unser Leben, die Situationen, Menschen, den Körper kontrollieren könnten. Wenn bei unserem Tun das heraus kommt, was wir uns wünschen, glauben wir, wir hätten alles unter Kontrolle. Das ist aber eher wiederholter Zufall. Es kann klappen, muss aber nicht. Das Leben amüsiert sich über unser „Kontrollieren wollen" und empfiehlt uns stattdessen Geduld und Vertrauen.

9

**Hast du diesem Tag schon
genug Leben gegeben?**

Ich hatte Urlaub an der Ostsee. Von Anfang an, lies mich ein Gedanke nicht los: Will ich, oder will ich nicht? Eine Freundin berichtete mir, dass sie jedes Mal im Winter an der Ostsee im kalten Wasser badet. Und ein ganzes Jahr lang von dieser besonderen Erfahrung zehrt. Dies klang so überzeugend, dass ich es auch probieren wollte.

In unserem Kulturkreis ist es üblich, sich zu informieren, bevor man etwas Neues tut. Es gibt viel zu lesen über das Eisbaden. Viele gesundheitliche Vorzüge stehen dem sich überwinden müssen gegenüber. Richtig schlechte Erfahrungen konnte ich im Internet nicht finden. So zahlten die persönliche Erfahrung einer Freundin und viele gelesene Vorteile in die Waagschale des „ja, ich will" ein. Vor Ort zu sein, bei einer Lufttemperatur von 4 Grad und einer Wassertemperatur von 5 Grad war schon etwas anderes. Immerhin konnte ich mich darauf freuen, dass das Wasser wärmer ist, als die Luft. Doch realistischer Weise wäre dies wohl nicht zu spüren.

Bedenken machten sich breit. Um etwas Unbekanntem, vielleicht Unangenehmem aus dem Weg zu gehen, ist unser Geist sehr erfinderisch. Was, wenn ich mich im kalten Wind danach erkälte? Kann ich in unbekanntem Gewässer auf etwas treten und mich verletzen? Ich weiß nicht, wie weit ich laufen muss, bevor das Wasser tiefer wird. Was, wenn mir dir Wellen die Beine wegziehen? Sollte ich tatsächlich am hellen Tag nackt ins Wasser gehen? Sich Gedanken zu machen ist sinnvoll. Wer vorbereitet ist auf eine Situation, hat mehr Handlungsspielraum und kann abwägen, was die Vor- und Nachteile für eine Aktion sind.

„Vordenken ist besser als Nachdenken" ist einer meiner Lieblingssprüche. So konnte ich nach Lösungen für die Bedenken suchen. Die da waren: morgens ins Wasser zu gehen, wenn nicht viel Betrieb am Strand ist; zu warten, bis das Meer ruhig ist und Badeschuhe zu tragen. In Begleitung zu gehen gab die letzte Sicherheit und Hilfe für ein schnelles Ankleiden danach. Von Vorteil war, dass ich am Abend andere Gäste beim Gang in das kalte Wasser beobachten konnte. So hatte ich nicht nur gute Vorbilder, sondern konnte mir die Stelle merken, wo man gut ins Wasser laufen kann. Im Coaching empfehlen wir oft, sich jemanden zu suchen, der etwas tut, was wir selbst gern täten. Ganz nach dem Motto „Wenn einer das kann, ist es möglich".

Am nächsten Morgen war es soweit. Es war gut, in diesem Moment nicht mehr lange abzuwägen sondern einfach loszugehen. Es gibt immer noch einen und noch einen Grund, etwas Gewagtes zu verschieben oder seiner Angst zu folgen. Mein Körper war schon lange kein kaltes Wasser mehr gewöhnt und ich kann nicht behaupten, dass er sich darauf freute. Doch ist es nicht manchmal so, dass etwas erst einmal unangenehm ist, was uns später gut tut?

Dafür hilft, ein gutes Motiv zu haben. Meines war, dass ich nach einem langen Winter Schwierigkeiten hatte, wieder richtig fit und munter zu werden. Das war ich von mir nicht gewöhnt und das gefiel mit nicht. Mein Motiv war demnach, einen Kickstart zu bekommen, der mein System wieder anspringen lässt.

Auf ging es also flotten Schrittes Richtung Meer.

Und dann: ausziehen, reinlaufen, die Luft anhalten als das kalte Nass Füße und Beine erreicht. Einfach weiter laufen, langsam den Körper mit dem Wasser benetzen und: eintauchen. Oh war das kalt und oh war ich stolz auf mich.

Beim Rückweg rannte ich ein bisschen, denn es wurde immer kälter. Vor allem an den Füßen, denn da die Badeschuhe mir nicht richtig passten, hatten sie das Wasser nicht abgehalten, sondern es stand in ihnen und meine Füße darin.

Ja, es kann eben auch ungeplantes bei kleinen Abenteuern geschehen. Doch darauf können wir immer reagieren und sei es in diesem Fall mit der Kleinigkeit, die Schuhe schnell auszuziehen und in Socken ins Hotel zu laufen.

Dort angekommen erhielt ich die Belohnung für meinen Mut. Denn nach dem Ankleiden kam ein herrliches Körpergefühl. Alles prickelte, ich fühlte mich frisch und voller Leben. Vor allem aber hatte ich ein glückliches Siegerstrahlen im Gesicht. Ich hatte mich etwas getraut. Ich hatte mich selbst überrascht.

Wie oft geschieht dies schon in unserem durchgeplanten und nach allen Seiten abgesicherten Alltag? Kein Wunder, dass wir manchmal gar keine Energie mehr fühlen. Es passiert zu wenig lebendiges. Wir fordern uns nicht genug selbst heraus. Nicht jede Erfahrung muss ewig halten. Sicher werden wir manches nur einmal probieren. Doch alle Erfahrungen machen uns reich. Und geben Selbstvertrauen für andere Situationen.

Am nächsten Tag wollte ich das Eisbaden wiederholen.

Doch abgesehen von dem Wellengang fühlte sich mein Körper zu sensibel an und ich fröstelte. Zu prüfen, ob eine Idee in diesem Augenblick passt, ist ein wichtiges Kriterium für neue Erfahrungen. Etwas durchzuziehen, nur weil man es sich vorgenommen hat, kann genauso kontraproduktiv sein wie etwas ewig vor sich herzuschieben.

Lass dich öfter inspirieren, etwas Prickelndes zu tun.

Und dann: Tue es einfach.

Und genieße als Belohnung das besondere Bewusstsein dafür, dich lebendig zu fühlen.

10

Stell dir vor,
dein Handy wäre vertauscht ...

Es ist ein angenehmer Tag. Ich habe lecker gefrühstückt, war beim Friseur und habe gute neue Texte geschrieben. Nach der Mittagspause suche ich nach meinem Handy, finde es in den Tiefen meiner gut gefüllten Frauenhandtasche und öffne die Hülle. Was ist denn das?

17 Anrufe und 63 Nachrichten? Das gab es ja noch nie. Ich schaue genauer hin und mir gefriert das Blut in den Adern. Das ist gar nicht mein Handy! Es sieht zwar genauso aus, doch es ist nicht meins. Um Himmels Willen, wo ist **mein** Handy? Erst denke ich, dass kann nur ein Scherz sein. Doch in meinen Händen halte ich den furchtbaren Ernst. Ich werde panisch. Das geht doch nicht, was mache ich jetzt?

Horrorszenarien machen sich breit. Genau genommen ist die Angst, die ausbricht, diffus. Es ist ein Grundgefühl der Hilflosigkeit - kombiniert mit der Panik, dass ich ohne mein Smartphone nicht sein kann, dass ich verloren bin ... Dabei ist gar nichts wirklich Schlimmes passiert. Ich habe mir kein Bein gebrochen, nicht den Pass im Ausland verloren. Meine Wohnung ist nicht abgebrannt. Aber es fühlt sich so an, als wäre all das gleichzeitig passiert.

Wie kann es sein, dass binnen weniger Jahre ein kleiner Computer unser bester Freund geworden ist? Einer, ohne den wir nicht aus dem Haus gehen, ohne den wir uns nackt und unsicher fühlen. Wir laufen, die Köpfe gesenkt, durch die Straßen. Egal, ob wir Kinderwagen schieben oder spazieren gehen. Er diktiert unser Leben. Wir lassen das zu und finden es ganz normal.

Wann würden wir auf dem Weg zur Arbeit umkehren und wieder nach Hause fahren? Wenn wir unser Essen vergessen hätten, unser Geld oder unser Smartphone? Oder noch weiter gesponnen: Würde uns im Urlaub eher ein Freund fehlen oder das Handy?

Zurück zur Geschichte. Ich versuche zu rekapitulieren, was passiert ist. Gestohlen ist mein Handy nicht, denn ich habe ja eins in der Hand. Es muss also verwechselt worden sein. Beim Friseur, genau, da saß eine sympathische Frau neben mir. Keine Stammkundin, ein Gast. Wir hatten auf dem Tisch zwischen uns die Zeitungen liegen und ja, die Smartphones. Ich laufe zum Friseur, dort weiß man aber nicht, wer diese Frau ist. Ihre Handynummer nützt mir nichts, denn das Smartphone habe ich ja. Ich rufe also mein Smartphone an. Doch keiner antwortet. Klar, ich stelle es ja meistens auf lautlos.

Inzwischen habe ich mich etwas beruhigt und werde neugierig. Hier liegt das Leben eines anderen Menschen in meiner Hand. Ich linse verschämt auf die Nachrichten. Ähnliches wie bei mir. Freunde, die Fotos senden, Fragen nach dem Befinden von Susanne. Doch die meisten Nachrichten kommen aus Gruppen, die Susanne gemeinsam mit Mitarbeitern führt. Immer wieder wird gedrängelt, dass sie sich zu diesem oder jenem äußern soll und dass Termine einzuhalten sind. Das ist ja super anstrengend, schon allein beim Drüberlesen. Ich reagiere und schreibe, dass Susanne ihr Handy verloren hat und nicht antworten kann und ermutige, doch selbst aktiv zu werden.

Es wird Abend und ich bekomme immer mehr Nachrichten aus aller Welt. Eilige Wetterwarnungen, dass es kalt wird (im Winter), aus der Politik über korrupte Machthaber, Wahlbetrug und Steuerhinterziehung, Infektionsgeschehen mit dramatischen Zahlen, Lebensmittel und Autos, die zurückgerufen werden. Ich bin erschrocken, wie viele Informationen Susanne konsumiert. Offenbar mehrmals am Tag, denn das sind die Abendzusammenfassungen.

Das Smartphone wird angerufen von Hans Müller. Ich gehe ran und möchte sagen, dass ich nicht Susanne bin.

Doch er sitzt offensichtlich im Auto und hört gar nicht zu. Stattdessen blafft er mich an, warum ich jetzt erst erreichbar sei und dass ich morgen unbedingt eine Abendveranstaltung für ihn besuchen soll. Ich versuche nochmal zu sagen, wer ich bin und er wird immer lauter. Schließlich frage ich, warum er in diesem Ton mit mir spricht und bitte ihn anzurufen, wenn wir in Ruhe miteinander reden können. Ich lege auf. Meine Nerven sind genug strapaziert. Ich habe mir schon vor langem vorgenommen, mich von niemandem mehr anfauchen zu lassen.

Inzwischen macht sich wieder Unruhe breit. Wenn ich nicht erreichbar bin, was wird dann mit meinen Nachrichten? Ich warte jeden Tag auf einen neuen Auftrag. Mein Referentenmarkt geht von schnellen Reaktionen auf Anfragen aus. Die Kunden holen sich Vergleichsangebote ein und entscheiden zügiger als vor einigen Jahren.

Und was ist mit Klaus? Ich bin gerade unglücklich verliebt. Ich habe mit Klaus geflirtet. Doch seitdem ich hoffe, dass es etwas Ernsteres werden könnte, bekomme ich nur noch kurze oder keine Nachrichten. Wird er nicht denken, ich habe kein Interesse mehr, wenn ich nicht reagiere?

Das Smartphone klingelt und ich sehe – meine Nummer. Herrlich, das muss Susanne sein. Schnell gehe ich ran und frage: „Susanne, sind Sie das? "Ein glückliches Seufzen ist am anderen Ende der Leitung zu hören. Wir versichern uns, wie froh wir sind, dass wir uns gefunden haben.

Susanne erzählt mir, dass sie ganz beeindruckt ist, dass mein Smartphone sie an Pausen und Rückenübungen erinnert. Nach ihrer ersten Verzweiflung, dass das Telefon weg ist, habe sie diese tatsächlich gemacht und fühle sich nicht so angespannt wie sonst. Ich frage sie, wo man die vielen Nachrichtendienste abstellen kann. Mir verderben nämlich die ständigen dramatisch aufgebauschten negativen Schlagzeilen die gute Laune. Ich kann an all diesen Informationen nichts ändern. Sie sind nicht in meinem Einflussbereich, bleiben aber in Erinnerung.

Ich frage sie auch, wer Hans Müller ist und berichte vom Gespräch. Sie hält erschrocken die Luft an. Doch dann lacht sie und erklärt, dass dies ihr Vorstand sei. Sie habe sich noch nie getraut, ihm einmal Grenzen zu setzen und macht sich nun zwar Sorgen, freut sich aber auch über meine Reaktion.

Da hält sie plötzlich inne und fragt, wie es wäre, wenn wir unsere Smartphones noch einen Tag behalten und jeweils anstelle der anderen reagieren. Ich bin fasziniert von der Idee und sage zu. Wir verabreden uns für den nächsten Abend zur Übergabe.

Am Ende des Tages merke ich, dass ich Susannes Leben sehr spannend finde. Sie scheint gern zu kochen und ich habe ihre E-Bay-Auktion für einen extravaganten Topf abgebrochen.

Ich fand die Preisentwicklung völlig unangemessen. Wie kann „frau" nur so viel Geld für einen Topf ausgeben? Nein, das ist unverhältnismäßig. Hier wird mit Kunden, die ein ausgefallenes Hobby haben, gepokert.

Ich frage mich, was mir ohne mein Smartphone fehlt. Wenn ich ganz ehrlich bin, nichts. Meine Familie und Freunde kann ich auch morgen oder übermorgen wieder kontaktieren. Ständig erreichbar zu sein, schnell zu antworten und sich permanent zu zeigen ist eine Sucht. Oder anders gesagt, emotionale Abhängigkeit.

Klar, ich habe Angst, vergessen zu werden. Oder nicht mehr wichtig zu sein, wenn ich mich mal nicht melde. Und mehr noch: Ich messe dem Verhalten der anderen eine Bedeutung bei, die es oft gar nicht hat. Da denke ich gleich an Klaus. Bis vor kurzem schaute ich immerzu auf mein Handy, ob er mir schreibt. Tut er das, folgere ich, dass ich wichtig für ihn bin. Schreibt er nicht, macht mich das traurig. Ich glaube dann, er vermisse mich nicht, ich sei nicht so wichtig für ihn. Schreibt er kurz und oberflächlich, tröste ich mich damit, dass er immerhin schreibt. Das kann doch nicht sein, dass ich mein Befinden davon abhängig mache, wie jemand anderes mit seinem Smartphone umgeht! Er kann schreiben oder nicht, lang oder kurz, davon meinen Wert abhängig zu machen ist ziemlich verquer.

Wenig anders ist es mit der Kollegengruppe. Es fühlt sich gut an, gebraucht zu werden, das Gefühl zu haben, dass ohne uns nichts geht. Doch es raubt unnötig Kraft. Die Kollegen verlernen, selbst zu handeln.

Wer nicht genug übt, selbst Entscheidungen zu treffen, sammelt wenig Erfahrungen, trifft schlechtere Entscheidungen. Das wieder ist ein Argument, bei jeder Kleinigkeit seine Führungskraft zu fragen und sich rückzuversichern.

Heute werde ich jedenfalls die erste Nacht seit einigen Tagen ruhig schlafen. Denn ich werde nicht ständig auf das Handy schauen, ob Klaus geschrieben hat.

Den nächsten Tag verbringe ich mit der aufregenden Aufgabe, anstelle von Susanne zu antworten. Hans Müller hat geschrieben und sich für seinen Ton entschuldigt. Ich schreibe nur ein freundliches Dankeschön zurück und denke, dass ich hier nichts aufklären muss. Susanne wird von dem neuen Umgang profitieren.

In einigen Dialogen bekomme ich die Rückmeldung, wie wertvoll meine heutige neue Perspektive auf eine Angelegenheit sei. Diese geht uns oft verloren. Viele Dinge tun wir seit Jahren auf eine bestimmte Weise. Jemand anderes sieht plötzlich neue Aspekte.

Genau dies erzählt mir auch Susanne am Abend. Sie hat für mich zu einem Vortragshonorar noch ein Paket meiner Bücher hinzu verhandelt. Ich hätte mir das bei der derzeitigen Auftragslage eher nicht getraut. Sie hat die Nebenkostenabrechnung für mein Büro geprüft und beanstandet. Ich hätte, um die Angelegenheit schnell zu erledigen, nicht so genau hingeschaut. Schnell heißt oft nicht gut. Kichernd verabreden wir einen weiteren Tag des Tausches.

Wir sind beschwingt von dem Guten, was wir füreinander tun und was wir dabei lernen. Ich bin so mit dem „Susanne sein" beschäftigt, dass ich vergessen habe zu fragen, ob sich Klaus gemeldet hat.

Am nächsten Tag klingelt es an der Tür und ich bekomme Blumen geliefert. Von Klaus! Er schreibt, dass er auf keinen Fall eine Pause möchte. Dafür sei der Kontakt mit mir viel zu schön. Aha? Ich bin berührt, sprachlos und denke: Was hat Susanne getan? Die Antwort bekomme ich von ihr, als wir uns am Abend treffen und die Smartphones zurückgeben. Sie erklärt mir, dass es ihr weh getan hätte zu lesen, wieviel gute Energie ich in den Kontakt zu ihm gebe und wie wenig zurückkommt. Deshalb hätte sie ihm locker und entspannt eine Kontaktpause vorgeschlagen.

Wir umarmen uns fest, als wir uns trennen und versprechen uns, von nun an der Telefonjoker füreinander zu sein. Schon allein dieser Gedanke wird uns zum Lächeln und zu neuen Ideen bringen.

PS: Diese Geschichte ist zwar eine fiktive. Sie ist bei einem Spaziergang mit meiner Freundin entstanden. Wir machten uns klar, wie verschieden wir auf ähnliche Situationen reagieren. Die Bedeutung, die Sorge, die Unsicherheit, die wir Menschen, Dingen und Ereignissen zuordnen, ist eine mentale Sache, aufgrund unserer Erfahrungen, Träume und Befürchtungen. Wollen wir da rauskommen, braucht es andere Antworten. Nur diese führen zu anderen Ergebnissen.

Such dir doch auch einen Telefonjoker. Nicht um die Million zu gewinnen. Sondern um dir das Leben leichter zu machen.

11

Danke, und selbst?

Uwe aus meinem Netzwerk fragt mich, warum ich in meinem Motto „ICH GUT. ALLES GUT" so eine Alltagsfloskel verwende. Er sehe zwar den von mir gewählten anderen Kontext. Doch ihn störe es, immer wieder „Alles gut?" gefragt zu werden. Er ist der Meinung, dass der Fragende oft gar keine ehrliche Antwort hören möchte.

Ich denke darüber nach. Die Frage scheint zwar inzwischen etwas aus der Mode gekommen zu sein, doch ich erinnere mich, dass auch ich sie als unangenehm erlebt habe. Warum eigentlich?

Wahrscheinlich hatte ich als Empfängerin den Eindruck, dass der andere, wenn überhaupt, nur eine positive Antwort hören möchte. Manchmal antworten wir auch mit einer Floskel wie „Danke und selbst?" Wir können dies sicher mit dem „How are you" im Englischen vergleichen. Das ist eher eine Begrüßungsformel, auf die keine Antwort erwartet wird. Und ist nicht auch die Frage „Wie geht es dir?" manchmal eher eine Höflichkeitsformel als eine Frage mit echtem Interesse?

Ich finde es völlig in Ordnung, Freundlichkeits- oder Höflichkeitsformeln auszutauschen. Ich ziehe ebenso die in unserem Kulturraum schnell als oberflächlich abgestempelte amerikanische Höflichkeitsformel „have a nice day" einer nüchternen, wortlosen Begegnung ohne einen guten Wunsch vor. Gute Worte verbreiten gute Gefühle, egal wie tiefgründig sie sind.

Noch eine Überlegung: Wann möchte ich von anderen ganz genau wissen, wie es ihnen geht? Nicht immer, räume ich ein. Manchmal beschäftigen mich meine Themen. Ich bin nicht immer offen für andere. Dann frage ich nicht. Ich umgehe dadurch meine Verlegenheit, falls ich etwas erfahre, mit dem ich gerade nicht umgehen kann. Außerdem habe ich nicht immer die Zeit, die eine angemessene Antwort oder geduldiges Zuhören benötigen.

Ich werde im Alltag schnell ungeduldig, wenn jemand lange und ausführlich überlegt und formuliert. Leider gehöre ich zu den Menschen, die die Sätze des anderen zu Ende formulieren. Oder ich überlege meine Meinung, bevor der andere fertig gesprochen hat. Ich selbst komme eben gern schnell zum Kern einer Sache und darf lernen, mich in Geduld zu üben. Alternativ könnte ich das Signal geben, jetzt passt ein Gespräch nicht. Viel zu oft erlebe ich bei meinen Mitmenschen, dass sie so tun, als hörten sie zu. Sie sind in Gedanken jedoch woanders. Nach einem solchen Gespräch sind beide Seiten frustriert. Der eine, weil ihm scheinbar Zeit gestohlen wurde. Der andere, weil er spürt, dass er keine Aufmerksamkeit erhalten hat.

Ich möchte gerne weiter zugunsten der Höflichkeitsfrage oder -formel plädieren. Wir können auch einmal die Annahme gelten lassen, dass der, der uns fragt „Alles gut?" sich für uns wünscht, dass alles gut sein möge. Wenn wir anderen Gutes „unterstellen", werden wir manche angenehme Überraschung erleben. Dann setzen wir die Brille auf, Gutes zu sehen. Und mit dieser Brille finden wir es sogar öfter. Hinzu kommt oft ein wohltuendes Lächeln, das die Frage begleitet.

Der wohlwollende Blick in die Augen führt zur Ausschüttung des Entspannungsboten Oxytozin, genau wie ein freundlicher Händedruck.

Schlussendlich bleibt es uns überlassen, wie wir antworten. Sind uns der andere und weitere angenehme Begegnungen wichtig, könnten wir bei passender Gelegenheit unser Unwohlsein mit der Floskel-Frage zum Ausdruck bringen. Dies anzusprechen ist deshalb sinnvoll, weil sich sonst Groll in uns aufbaut, für den der andere gar nichts kann. Wie wir reagieren hat immer mit uns selbst zu tun. Der angestaute Groll macht sich irgendwann im unpassendsten Moment Luft. Was sich in uns angesammelt hat, wird dann meist nicht mehr dem aktuellen Anlass angemessen zum Ausdruck gebracht - es kommt zu einer Überreaktion. Die wieder gutzumachen ist schwerer, als über kleine unangenehme Gewohnheiten zu sprechen.

Handelt es sich um Menschen, die wir nicht wieder treffen oder die für uns keine wichtigen Bezugspersonen sind, kann man auch entspannt mit „ja" antworten, wenn dem so ist. Falls es mir nicht gut geht, sage ich in solchen Momenten „geht so". Das gibt dem Gegenüber die Chance nachzufragen. Es erklärt außerdem mein Verhalten, wenn dieser Tag einfach nicht mein Tag ist. Ich möchte selbst gar nicht immer gefragt werden, wie es mir geht. Und ich möchte auch nicht jedem alle Details eines Unwohlseins offenbaren.

Wenn uns Floskeln stören, empfehle ich, dass wir selbst anfangen, sie nicht zu verwenden. Statt dessen könnten wir uns etwas Individuelles einfallen lassen.

Höflich zu sein, ein gutes Wort mitzugeben sind ganz kleine zwischenmenschliche Geschenke, die wir uns machen können. Wie auch bei anderen Geschenken wird jedem etwas anderes zusagen.

Ich bedanke mich z.B. in E-Mails immer für eine Kleinigkeit. Dafür suche ich nach angenehmen Alltagsereignissen, um eine freundliche Kommunikation zu betreiben. Das kann ein „danke, dass das Treffen so schnell geklappt hat" oder ein Dank für eine zuverlässige Zusammenarbeit sein. Wichtig für diese Art der Kommunikation ist, dass sie ehrlich gemeint ist.

Jeder hat andere Lebensprinzipien. Mir liegt Freundlichkeit sehr am Herzen. In Blicken, Gedanken und auch in Worten.

12

Die Schokolade vor meiner Haustür

Es ist Dienstagmorgen und ich starte mit einem Spaziergang in den Tag. Ich öffne die Wohnungstür und stutze. Was ist denn das? Ich finde ein kleines Päckchen mit Schleife. Ist das für mich? Habe ich einen heimlichen Verehrer? Kühne Phantasien machen sich kurzfristig in meinem Kopf breit. Doch ich verwerfe sie schnell. Ich nehme das Päckchen, gehe zurück in die Wohnung und öffne es.

„Für Ilona von Tilo. Ich wünsche dir einen schönen Tag". Ich halte eine Karte und eine köstliche Nuss-Schokolade in den Händen und bin sprachlos. Ich kenne nur einen Menschen, der Tilo heißt. Er wohnt im Haus ganz oben und ist 5 Jahre alt. Ich drehe und wende den süßen Gruß und schwanke zwischen Begeisterung und Irritation.

Wie kommt Tilo dazu, mir Schokolade zu schenken? Hat er etwas ausgefressen und ich habe es noch nicht mitbekommen? Manchmal geht im Haus etwas zu Bruch, wenn die Kinder spielen. Habe ich etwas für ihn getan, was ich inzwischen vergessen habe und wofür er sich jetzt bedankt? Es ist auch nicht Weihnachten. In dieser Zeit überraschen wir uns im Haus durchaus einmal mit kleinen Gaben.

Während meines Spazierganges habe ich Zeit zum Nachdenken. Interessanterweise überwiegen nicht Freude oder Vorfreude auf die leckere Schokolade. Sondern Unverständnis. Warum ist es für mich so beunruhigend, etwas geschenkt zu bekommen? Nach meinen Vorträgen haben mir die Organisatoren doch auch öfter Freude bereitet, indem sie mir eine Schokolade schenkten.

Die meisten Menschen, mit denen ich zu tun habe, wissen, dass ich ein Schokoladenfan bin. Nach einem Vortrag finde ich es normal, etwas geschenkt zu bekommen. Als Dankeschön. Das ist für mich ein akzeptabler Grund. Ich bekomme oft auch von Freunden etwas geschenkt, wenn sie mich besuchen kommen. Das ist in unserem Kulturkreis eine schöne Gepflogenheit, dass Gäste kleine Mitbringsel übergeben. Ja, ich bekomme auch „einfach so" einmal etwas geschenkt. Doch jetzt gerade bin ich irritiert.

Vielleicht kennst du auch ähnliche Situationen. Dass wir uns Geschenke wünschen, ja sogar sagen, sie erhalten die Freundschaft. Mancher führt Geschenkideenlisten für Geburtstage und Weihnachten. Freude zu bereiten ist vielen Menschen wichtig und tut gut. Auf der anderen Seite antworten wir oft auf die Frage, was wir uns wünschen: „nichts". Wir wollen den anderen keine Umstände bereiten. Wir haben alles. Doch vor allem stört uns, dass in gewisser Weise ein „Handel" damit verbunden ist. Mein Blumenstrauß für das Geburtstagskind sollte ebenso groß sein wie es der letzte für mich war. Teure Geschenke sind vielleicht ein Traum, weil z.B. Schmuck eine romantische Geste ist. Von der Investition schließen wir sogar manchmal auf das Interesse oder die Verliebtheit des Gebenden. Doch wie gut können wir ein großes Geschenk wirklich annehmen?

Lass uns noch einen Blick darauf werfen, wie gut wir überhaupt annehmen können, dass jemand etwas für uns tut. Ich kenne es aus einigen Unternehmen, dass die Hilfe von Kollegen abgelehnt wird.

Gründe könnten sein, dass wir davon ausgehen, dass irgendwann eine Gegenleistung fällig ist oder weil es so aussehen könnte, als ob wir nicht alles im Griff hätten. Wir schuften lieber bis an unsere Grenzen und noch darüber hinaus, als um Hilfe zu bitten. „Das kann ich selbst", „das weiß ich selbst", „das mache ich selbst". Schön, wenn dem so ist. Gleichzeitig verschenken wir uns durch diese Haltung die Chance auf viele kleine Freundlichkeiten, die das Leben schöner machen. Deshalb lasse ich mir gerne in den Mantel helfen oder die Tür aufhalten. Natürlich kann ich das selbst.

Doch eine Geste der Aufmerksamkeit geschenkt zu bekommen, lasse ich mir nicht entgehen.

Vielleicht sitzen uns noch Omas Sprüche wie „Geben ist seliger denn nehmen" im Kopf? Drehen wir das Ganze einmal um. Wie wäre es für uns, wenn wir gerade aus ganzem Herzen jemandem Freude bereiten wollen. Wir haben etwas Leckeres gebacken, wollen es Freunden schenken. Diese sagen spontan: „Das wäre doch nicht nötig gewesen." Das nimmt uns ganz schnell einen Teil der Freude. Geben und Nehmen gehören zusammen. Daran könnten wir öfter denken, wenn uns jemand etwas Gutes tun will.

Ich glaube, manchen von uns fällt es schwerer zu nehmen als zu geben. Doch nur gemeinsam funktioniert es. Denn wir fühlen uns auch nicht gut, wenn immer nur wir diejenigen sind, die sich um alles kümmern, die die Ideen liefern, die Feier organisieren, einfallsreiche Geschenke machen.

Es geht eben beim Schenken nicht um Ab- oder Aufrechnung von Werten.

Sondern um eine energetische Balance von Geben und Nehmen. Gleiches gilt für Aufmerksamkeit, Freundlichkeit oder Wertschätzung. Wenn wir diese schlecht nehmen können, können wir sie auch schlecht geben.

Wir dürfen deshalb an uns selbst üben, das gern und entspannt anzunehmen, was wir anderen geben wollen. Können wir gut nehmen, bekommen wir mehr davon. Wenn wir uns Konkretes im Umgang miteinander wünschen wie Wertschätzung, sollten wir sie uns zunächst einmal selbst geben. Sie wird uns dadurch vertrauter und so wertschätzen wir auch andere eher. Dies wiederum führt dazu, dass wir Wertschätzung häufiger wahrnehmen bzw. erfahren.

Andere um uns herum sehen, welcher Umgang mit uns selbst für uns normal ist. Das machen sie dann im Umgang mit uns ganz unbewusst nach. Deshalb lohnt es sich auch, jemandem, der uns etwas schenken möchte, einfach zu sagen, was wir gern haben wollen. Dann hadern wir weniger mit unerwünschten Geschenken und derjenige, der uns eine Freude bereiten will, erreicht dies auch. Ganz leicht geht das z.B. mit Schokolade oder anderen kleinen Genüssen. Viele wissen, welche Sorten ich mag: am liebsten dunkel und pur, ohne Cremes oder Füllungen. Das Ergebnis: Mir wird oft eine Freude bereitet, die genau zu mir passt.

Dies bringt uns zurück zu meinem unerwarteten Schokoladengeschenk. Überraschungen sind an sich immer schön. Deshalb rufe ich mich nun zur Ordnung, mir diese Freude nicht durch zu viele Überlegungen kaputt zu machen. Ich freue mich ganz einfach darüber.

Es bleibt die Unsicherheit, wie bedanke ich mich. Schenke ich etwas zurück? Rufe ich an? Schreiben kommt nicht in Frage, weil Tilo noch nicht lesen kann. So viele grüblerische Gedanken über so eine schöne Geste!

Ich schüttle den Kopf über mich, bedanke mich bei Tilo und seiner Mutti, als ich sie das nächste Mal treffe. Ich erfahre, dass beide beim Einkaufen diese Schokolade gesehen und sofort an mich und meine Schokoladenliebe gedacht haben. Einfach so.

Freude zu bereiten und sie sich auch bereiten zu lassen gehört zu den schönsten und an sich einfachsten Dingen in zwischenmenschlichen Beziehungen. Freuen wir uns zukünftig einfach darüber und lassen sie uns wie eine gute Schokolade auf der Zunge zergehen.

Wenn du mehr lesen möchtest

Positiv Denken für Glück und Lebensfreude

Weniger erschöpft oder
überfordert sein und sich
selbst nie mehr vergessen

–Grundlagenbuch–

Das 10-Minuten Erfolgsprogramm für Glück und Lebensfreude

Positiv Denken für Fortgeschrittene
(21-Tage-Kurs)

–Praxisbuch–

Stressbewältigung durch positive Gedanken

Wie Sie Wohlbefinden und
Lebensfreude Ihrem Stress
entgegensetzen

–Schwerpunkt Stressreduktion–

Wohlbefinden, Glück und Lebensfreude in der digitalen Welt

Veränderungen
ohne Stress begegnen

–Schwerpunkt Digitale Welt–